Mimi Zagarriga • Christiane

La fée Fifolette
et le gâteau Bonbon

bayard jeunesse

Il était une fois une fée qui s'appelait Fifolette.
C'était une gentille fée avec un mouton
pour compagnon et une drôle de baguette magique.

Mais saperlipopette, crotte de biquette,
elle est cassée cette baguette,
et elle n'en fait qu'à sa tête !

Ce jour-là, la fée Fifolette a une petite faim.
Elle sort ses casseroles, ses marmites,
et elle appelle : – Mouton, Mouououton,
j'ai très envie de cuisiner !
Viens m'aider s'il te plaît !
Mouton arrive comme une fusée.

RECETTES
MAGIQUES

Fifolette se penche sur son livre de recettes :
– Épinards en gelée ?
– Bêêêrk ! répond Mouton en plissant le nez.
– Frites au camembert ?
– Bêêuuuf ! beugle Mouton les yeux en l'air.

– Bon, si on faisait un gâteau Bonbon ?
– Bêêêêê ! s'écrie joyeusement Mouton
en claquant des sabots.

Fifolette commence à lire la recette :

– Alors alors…

Mélanger plein de chocolat avec du Moutella,
puis ajouter du sucre glacé et du beu…

Ah ! Sapristouille, quelle nouille !

Je n'ai plus de beurre !

Fifolette empoigne sa baguette et dit :
– Abracadabeur, il me faut du beurre !
Mais…

Moutella

Surprise !
à la place du **beurre** apparaissent… des **fleurs** !
– Ah… mais c'est parfait !
s'écrie Fifolette enchantée.
Tant pis pour le beurre,
nous avons un beau bouquet pour notre salon.
Hop hop ! Mets-le dans un vase, Mouton !
Et Fifolette retourne à ses casseroles.

– Bon bon, continue Fifolette.
Prenez ensuite votre batteur et transformez les œufs en neige.
Hou ! la la ! Ça a l'air compliqué tout ça,
et je n'ai pas de batteur, moi !

Je prends ma baguette et…
Abracadaneige, battons les œufs en neige !
Mais…

Surprise !
à la place des **œufs en neige**
apparaît…
la célèbre **Blanche Neige** !

– Ah… euh … enchantée !
souffle Fifolette un peu ennuyée.
Blanche Neige demande :
– Vous n'auriez pas vu un château ?
– Un château ? Ben non, répond Fifolette.
Mais… bienvenue, vous êtes mon invitée !

FÉE
cornflakes

Et Fifolette continue à lire :
Munissez-vous d'une grosse cuillère.
– Nom d'un petit pois, je n'en ai pas !
Je n'ai que des petites cuillères à fée
pour le thé et les potions sucrées !
Je prends ma baguette et…
Abracadabère, je veux une grosse cuillère !

Mais…

FÉE
corn flakes

Surprise !
à la place d'une **grosse cuillère**
apparaît... un **gros gruyère** !
– Saperlipataprout ! tempête Fifolette.
Tenez, madame Blanche Neige,
mangez donc un morceau
le temps que je finisse
mon gâteau !

D'ailleurs, cela va aller très vite.
Tant pis pour la recette,
juste un coup de baguette…

Abracadabro, je veux un gâteau ! Mais...

Surprise ! À la place du **gâteau**
apparaît... un **château** !
– Eh bien, parfait ! dit Fifolette
en prenant Blanche Neige par la main.
Le voici, votre château !
Et maintenant, Mouton et moi,
nous allons...
au resto !

Quant à sa baguette cassée,
Fifolette alla la ranger...
jusqu'à sa prochaine bonne idée.

Retrouvez dans la même collection

Vous avez aimé cette histoire ?
Découvrez-en de nouvelles tous les mois
dans le magazine Mes premières belles histoires !

Pour en savoir plus, rendez-vous sur www.belleshistoires.com

Illustration : Tor Freeman